깊은 새벽을 날다

장영희 시집

장영희 시집

깊은 새벽을 날다

시인의 말

제가 어렸을 때
'안 되면 되게 하라'는 문구가 생각이 납니다
'안 되면 되게 하라'는 말이 마음에 듭니다
혼자라고 느낄 때
저의 시를 통해 소외된 사람들에게
작은 위로가 됐으면 좋겠습니다
공감이 가는 시를 쓰도록 노력했습니다
일상생활에서 시상詩想을 찾았습니다
더 이상 시상이 없다고 생각했는데
시를 쓰고 또 쓰다 보니 시상이 찾아왔습니다
더욱더 정진하겠습니다

2024년 10월 깊은 새벽에
시인 **장영희**

장영희 시집 / 깊은 새벽을 날다

시인의 말

제1부
바람이 불어온다

14 비 온 후에 무지개 뜨듯이
16 어느새 봄
17 봄은 왔건만
18 추억은 빗물처럼
19 슬슬 초록이 싹트기 시작
20 새벽
21 봄비
22 첫사랑
23 情
24 빗소리
25 벚꽃 꽃비
26 바람과 낙엽
27 바람이 불어온다
28 거짓말처럼 시간은 간다

제2부
스친 인연들

32　푸른 여름 바다
34　되돌릴 수 없는 시간
35　갈대
36　스친 인연들
37　분명히 내일은 있다
38　가끔 아기처럼
39　간직하고 싶은 것
40　人生
41　어떤 기대
42　너 생각하면
43　화분
44　가끔은
45　친구처럼
46　지하철

제3부
내 안에 있는 장마

48 문득
49 보치아
50 초가을
51 커피 같은 인생
52 가을비
53 구름
54 결국엔
55 헛된 기대
56 나이
57 그 길
58 변함없는 시간
59 바람
60 그녀
61 내 안에 있는 장마

제4부
안개꽃 · 1

64 별
65 안개꽃 · 1
66 안개꽃 · 2
67 첫눈
68 하루
69 늦가을
70 바다
71 또 다른 가족
72 가을의 정취
73 고마움을 생각하는 따뜻한 5월
74 밤은 깊어 가는데
75 가을을 알리는 코스모스
76 여행
77 놀라

제5부
낯선 길

80 가볍지 않은 침묵
81 넌 아니
82 소나기
83 우리
84 어느 날 · 1
85 어느 날 · 2
86 어느 겨울날
87 낭만
88 그림자를 닮고 싶다
89 겨울 파도
90 눈길
91 터널 같은 우리네 인생길
92 낯선 길
93 함께 사시는 주

제6부
깊은 새벽을 날다

96 내가 있다는
97 백목항에서
98 가는 가을을 그저 바라만 본다
100 6월의 함성을 다시 느껴보자
101 커피 향처럼
102 실종된 사람들
103 포구에서
104 흰 도화지
106 제로
107 눈 덮인 어느 일월
108 사랑은 바람과 같은 것
109 고뇌
110 겨울은 마치 전쟁터
111 천사의 속삭임
112 깊은 새벽을 날다

제1부
바람이 불어온다

비 온 후에 무지개 뜨듯이

갑자기 우르르 쾅쾅쾅 흐리더니
요란한 비
낮인데도 온 세상이 밤처럼 어두워

금방 그친 비
창에 비치는 물방울
멀리서 보이는 무지개

우리네 삶도 마찬가지
좋을 때도 있고 안 좋을 때도 있고
사랑 행복 절망 시련

비와 바람 불 듯이
햇빛이 쨍쨍 나듯이
우리네 삶도 똑같네

그렇게 강물이 흐르듯
비 온 후에 무지개 뜨듯이

항상 맑은 날만 있으면
우리네 인생이

심심하지 않겠는가?
알 수 없는 세상 여행 중

그렇게 강물이 흐르듯
비 온 후에 무지개 뜨듯이

어느새 봄

세찬 바람은
서서히 사라지고
꽃 색시처럼 불어온다

어느 날 봄비가 내린다
꿈틀거리면서 나오고
설레는 우리들의 마음

푸른 빛깔
기지개를 켜는 만물들
새롭게 피어난 우리들의 마음

그 따뜻한 느낌
따뜻한 어머니의 품처럼
이렇게 봄은 왔다

봄은 왔건만

거리에는 우왕좌왕
어지럽고
어린 시절 칼싸움하듯이
철이 없는 아이들 장난 같네
우당탕 탕탕

모두들 꿀 먹은 모습
계속 먼 산만 바라보네
어리석은 아이들은
남 탓으로 하고 있네
거짓 옷으로 입고 다니네

보는 사람들은
철이 없는 아이들 보면
탄식하고 있네

봄은 왔건만
시린 바람이 불어온다

추억은 빗물처럼

빗물이
냄새를 풍기며
추억이 내린다
빗방울은 똑똑똑

무심히
나쁜 추억
좋은 추억
추억은 내 앞에 서 있다

무심히
나의 잔상이
스쳐 사라진다

슬슬 초록이 싹트기 시작

봄꽃이 지고
초록빛에서 비를 흘리는 나무
귀청 떨어지게 합창하듯 매미

벌써 무성하게
푸른 잎은 초록이
싱그러운 햇살과
시원한 바람 소리를 듣는다

울창하게 우거진 숲
가끔은 시원한 소나기처럼

새벽

새벽
세상은 아직
자고 있다
서서히 떠오르는 빛
기지개 켤 듯

온 세상
깨우는 찬란한 빛
아침이 되면
약속한 듯
세상은 움직인다

봄비

온 세상을
촉촉이 내리며 적시는 봄비

모든 것이 시작되는 봄
재촉하는 듯이 내리는 봄비

소리 없이 내리는 봄비
내 마음은 싱숭생숭

첫사랑

천사처럼 내게 다가와
내 가슴은 두근두근
내게는 솜사탕처럼 달콤한 첫사랑

커피 향기처럼 늘 편안한
내 첫사랑은
지금은 뭘 하고 있을까

기다리다가 지쳐
하늘만 쳐다보네
아 보고 싶다 널 그리며

情

수많은 사람들
만남과 헤어짐에 익숙해져 사는 우리
그러나 인정하고 싶지 않은 우리
울고 때론 웃으며
그렇게 쌓은 情 들어
같이 있는 시간이 소중하네
헤어짐은 막지 못할 사람이기에
그렇게 사는 거지
그저 멍하니 생각에 잠긴다
노래 가사였던가
우리가 살아가면서 제일 무서운 건 정

빗소리

소리에 촉촉이 감싸이며
그대가 올 듯합니다
커피를 마시며
나는 창문을 바라봅니다

종일 비가 왔습니다
빗소리로 온 그대 생각에
내 마음 먼저 젖었습니다

잔잔하게 내린 비
빗소리인지 바람 소리인지
내 마음 울려 놓고 가네요

벚꽃 꽃비

매년 봄마다
환한 꽃비가 춤을 추듯
바람을 타고 소리 없이 내려
설레게 만든다

비록 눈 깜짝할 사이에 지지만
아름다운 추억 남기고
반가운 손님은
금방 사라진다

바람과 낙엽

부는 바람 따라
춤추면서 내려오는 늙은 낙엽
땅바닥에는 온갖 늦가을임을

내 무릎에서 떨어지는
낙엽 하나, 둘,
왠지 아련해지는 기억들

부는 바람이
나를 때리고
사라졌네

부는 바람 따라
나도 따라서
가고 있네

바람이 불어온다

바람이 불어온다
어디서 오는지
어디로 가는지
알 수는 없지만
바람이 불어온다

시원한 바람이
마음이 따라
몸도 따라
휘리리 휘리리

길을 걸어 본다

거짓말처럼 시간은 간다

거짓말처럼 시간은 간다
시간은 소리 없는 바람
기쁨
환희
희열
슬픔
외로움

내가 집에만 있을 때 형의 방학이
무척이나 빨리 왔으면 바라던 이런 추억

내가 아주 어릴 적
해마다 아버지랑 튜브 갖고 물놀이하던 시절

중학교 때 처음으로 비행기 타고
이륙할 때 귀가 멍멍했던 느낌

청소년 시절 특수학교 9년의 감옥
어느새 흘러 생각하기도 싫은 내 삶의 일부분

애태우던 누나와 만남

이제는 별일 아닌 듯 미소를 짓네

늘 형체가 없는 추억이 되어 회상한다
수많은 시간들이 희미해져 간다

빨리 갔으면 했는데
깜빡할 사이 금방 물 흐르듯이

우리 삶은
늘 회상하며 살아간다

마치 우리는 시간의 추억을 먹고, 살고 있다
추억은 노래만이 살아 있다
거짓말처럼

제2부
스친 인연들

푸른 여름 바다

뜨거운 여름
푸른 바다가 내 마음에 들어와

푸른 여름 바다가 춤추고
햇볕은 더욱더 뜨겁고

오랜만에 바다를 보니
내 마음 시원해지고

모래 백사장에 집을 짓고
튜브와 온갖 먹을 것들

벌써 노는 사람들
수영하는 사람 튜브 갖고 노는 아이들

밤에는 이름 모를 벌레 소리에
들으며 잠이 와

이른 아침 파도 소리에
잠이 깨고 푸른 빛 띠고

특유한 바다 냄새 맡으며
상쾌한 아침

되돌릴 수 없는 시간

나비가 꽃을 찾듯
해바라기가 해를 바라보듯
제자리를 찾듯이
시간은 치타처럼
빨리 달리듯이
그렇게 가고 있네
이미 엎질러진 물
늦은 후회 해봐야 무엇하랴
오늘도 하루를 만나고
자연을 벗 삼아
살아가면 얼마나 좋을까

갈대

갈대처럼 흔들흔들
바람 만나
시간도 만나고
세월도 만난다

갈대처럼 흔들지만
갈 때가 있어
우리는 묵묵히
걸어간다

길이 나오겠지
어쩌면
우리는,

스친 인연들

수많은 스친 인연들

하나둘 좋은 추억
하나둘 안 좋은 추억
스펀지 같이 스며드는 것
내 안에 작은 기억이
때론 나를 괴롭혀

어디로 갈까 말까
갈팡질팡하는 내 마음
다시 일어나는 그 깊은 생각
내 안에 작은 사진첩
그 깊은 생각에 젖어 들어

난 운명의 사람
올 거라고 믿는다
늦더라도
스친 인연들 소중히 생각하며

분명히 내일은 있다

푸른 가지가 꺾여도
가뭄이 있어도
고통이 있어도
좌절이 있어도
다 가고

분명히 내일은 있다
희망
기쁨
용기
분명히 찾아온다

가끔 아기처럼

세상모르고
쌔근쌔근
깨면 배가 고프다고 으앙으앙
놀아 주면 깔깔깔
천사처럼 활짝 웃고

가끔 아기처럼
복잡한 마음이 생기면 앙앙앙
기분이 좋으면 깔깔깔

간직하고 싶은 것

점점점
요즘은 거울 보면
성난 거울
잘못된 생각과
안타까운 현실
소리 없는 외침

간직하고 싶은 것
도란도란 얘기를 나누던
사람 냄새가 나는 가정
사람의 정
즐거운 학교생활

간직하고 싶은 것

人生

내가 감히
인생을 말하고 싶다
처음 세상 알몸으로 태어날 때부터
우리의 인생은 이렇게 시작된다
우리는 살아가면서 단맛 쓴맛 다 맛을 본다
즐겁고 기쁘고 외롭고 슬프고
다들 잘 살고 싶고 명예와 돈 많이 갖고 싶어 한다
다 좋지만
그것이 그리 소중하단 말인가
오늘도 사람들은 바쁘게 살아가고 있다
만나고 헤어지고
그리워지고 다시 만나고 싶고
되풀이되는 우리네 인생
때론 내가 세상에 왜 나왔을까
생각이 들 때가 있을 것이다
나는 이렇게 생각한다
하나님이 나를 쓰려고 세상에 나온 것 같다

어떤 기대

어떤 생각에 사로잡히고
조용한 빈 공간들
가운데서 내 마음
흩어놓는다
그 기대심에 비록 못 미칠지라도
짧은 생각 속에서
내 마음은 차분해졌네
흘려보내며
깨어보니 종이조각
무엇이 내 마음을 채울까

너 생각하면

너 생각하면
기분도 좋아진다
메꽃으로 태어난 나
하지만 넌 나와 다른 길로 가고 있다

너 생각하면
그리워서
나 초라하게 만든다
생각에 취해서 너를 그린다

너 생각하면
나는 한없이 애가 탄다
너무 힘겨워서 눈물도 흘리고
그러나 다시 장미로 태어날 거야

화분

북적북적했던 집안
이젠 홀로 된 할머니
다정한 화분
친구처럼 말을 건넨다
장미 키우면서
지난 추억을 생각한다
언제 올까 기다리고 있다
자식들과 손주를

가끔은

가끔은
홀로 여행을 가고 싶습니다
어느 누구의 간섭도 받지 않고 자유롭게

가끔은
그리운 사람과 만나고 싶습니다
궁금한 얘기 나누며 그래 그랬지, 시간 속 여행

가끔은
책상 위에 편지와 연필 한 자루
연락이 뚝 끊어진 친구들에게 오랜만에 편지를 씁니다

친구처럼

둘은 영원한 짝꿍이야
서로 웃고 울며
보기가 좋았어
둘은 언제나 쌍둥이 같았어
나를 늘 안아주던 누나들
나에게 시의 씨앗 심어 주었어
시 낭송 때 누나들의 시를 들으면서
나도 시 잘 써야겠다는 생각이 들었어
영자 누나는
용인에서 서울 복지관까지
대단하다고 생각이 들었어
수애 누나가 웃을 때 나도 웃음꽃이 활짝 피었어
기분이 좋았어

지하철

이어폰을 낀 사람
꾸벅꾸벅 조는 사람
고개를 숙인 채 스마트폰 노예
유아차에 탄 아기는 새근새근
옛날 팝송 CD를 팝니다
생필품 파는 사람
다들 어디로 가는지
나는 바라본다

다음 역은 중계 중계역입니다
얼른 집에 가서 월드컵 중계방송을 봐야지
알림 멘트 소리에
바쁜 발걸음
벌 떼 같은 사람들은 에스컬레이터 향한다
빨리 가는 지하에 종착역 달리고 있다

제3부
내 안에 있는 장마

문득

어느 순간
둘이 있으면 좋았지
우린 너무 잘 맞는다고 말하던 너
가슴앓이하다가 고백했다
거절하던 너
추억이 많아서
잊어야지 하다가
문득 떠오른다
말도 없이 어디로 갔는지 모른 채
너는 흔적을 남기고 잠적했다

보치아

데굴데굴
애타는 마음은 모르고

데굴데굴
자기 멋대로 가네

힘껏 다해
데굴데굴

자기 세상인 양
데굴데굴

데굴데굴
잘도 간다

초가을

초가을에 잔잔히 음악은 흐르고
햇살이 좋은 날
꼬마의 작은 미소가
가을 햇살을 닮았네

바람이 휘이휘이
나도 휘이휘이
낙엽은 바사삭바사삭거리네
잠깐하고 가듯이

가을 소리에
마음이 울리듯
깊어 가는 가을은

커피 같은 인생

커피는 우리네 인생과 닮았네
쓰고 달고 인생 마시고 있네

그 향기 바람에 타고
다시 은은한 향기로

가을에 노을 진 저녁놀 보며
음미하며 향기를 마신다

가을비

그리 무덥던 여름이 가고
지금은 촉촉이 내리는 가을비

세상 깨우듯
소리 없이 내린다

그치고
내 귓가에 가을 왔다는 것

샤르르르르르
내 귓가에 울려 퍼진다

구름

두둥실 떠가는 저 구름
구름이 모아져
내 눈물이 되어 소리 없이 내리네

서서히 떠오르는 저 태양
또다시 타오르는 의욕

결국엔

결국엔
가 버릴 것을

결국엔
없어질 것을

결국엔
사라져 버릴 것을

이 순간을 맘껏
누리자

이 순간을 맘껏
더 사랑하자

이 순간을 맘껏
매사에 신중히 하자

우리는 알 수 없는
인생 열차에 달리고 있다

헛된 기대

앞으로 큰 기대는 하지 말자
큰 기대는 큰 실망 만드는 법
큰 기대는 절대로 하지 말자
큰 기대는 결과가 나오자마자 허탈하다
이제는 마음을 비우겠다
그리고 끝까지 도전을 해야겠다

아이가 어른이 되듯 벼가 추수 때 고개를 숙이듯
성숙하고 겸손하고 올바로 살면
좋은 날이 오지 않겠는가

나이

곧 가고 곧 오고
세월이 흘러가듯

어릴 때는 어른이
엄청 크다고 느꼈는데
나도 나이를 먹고 나니
별거 없구나

희로애락
이런 감정들이
의미가 되어
나를 단련하게 만든다

빠져드는
순간 깨달았다

어느 정도
나이를 먹은 후에야
알게 되는 것일까?

나이는
흐르는 물

그 길

같이 나누었던 길
추억이 있는 길
내 마음 한구석을 차지한 해바라기

그 길 가보니
햇볕은 쨍쨍한데
시린 추억만 가득하네

가보니
다시 걸어보면 어느새
내 마음 한구석을 차지한 해바라기

변함없는 시간

무정한 시간
되돌리고 싶은 시간

때론 웃는 시간
때론 우는 시간

시간은 곧
지나온 내 모습

항상 쉬지 않고
잘도 가네

어김없이
자꾸 가네

내 시간
의미가 있는 시간이 되기를

바람

바람이 분다
가끔은 칼날 같은 바람

바람이 분다
가끔 데이지 같은 바람

나도 바람에 따라 실어
세상 구경을 한다

그녀

뭐 해?
흔한 말이지만
때론 나에게
설렘

어 그냥
무심코 꺼낸 말
여러 말이 숨어 있네

알쏭달쏭한 말
그녀의 마음처럼

내 안에 있는 장마

마치 소리를
취한 듯
요란하게 내린다

비바람 몰아쳐
나무가 요란하게 춤을 춘다
옷에 흠뻑 젖는다
오히려 시원해
마치 떠돌던 나그네처럼

내 안에 있는 장마
언제 끝나려나
언젠가는
끝이 나겠지

늘 그렇듯
마음에 맑은 해가
뜬다

제4부
안개꽃 · 1

별

하늘에 떠 있는 별 하나
오늘도 별일 없이 지나간다
하루아침에 스타가 될 줄 알았지만
오늘도 나는 보통사람
애타게 달리고 있다
밤에는 내 마음을 아는지 모르는지
유난히 빛나는 별
가만히 보고 있으면 똑 뚝 똑

안개꽃 · 1

한 송이
그 한 송이가 외로워
여러 송이 모여 모여
외롭지 않은 꽃

남몰래 끙끙대는 사랑

빨간 장미와 함께 있어야
그 빛이 살아나는

흰색 안개꽃

안개꽃 · 2

난 길을 걷네
무심코 보네
홀로 안개꽃이 피었네
왜 홀로 피었을까
홀로 외로울까 봐
햇빛이 비추네
안개꽃은 많이 있어야 아름다워

첫눈

첫눈이 올 것 같은 날
반가운 첫눈

첫눈이 오면
누군가 내게 올 것 같은 기분

거리엔 모여든 사람들
첫눈을 맞아가며

추억은 잠시 다녀간
첫눈 같은 것

내 작은 기억이
하나둘 쌓여

첫눈이 내리면
내 작은 추억 꽃이 핀다

앙상한 나뭇가지 위에
조용히 꽃이 핀다

하루

하루
하루
또 하루가 가고 있다
자기만 아는 하루
어떤 하루는 뭐 할까
어떤 하루는 웃고
어떤 하루는 울고
어떤 하루는 무심한 하루

또 하루가 가고 오고 있다

늦가을

앙상한 나뭇가지에
외로이 새 한 마리
마른 낙엽 부서지는 소리에

쓸쓸해진 내 마음
더욱더 짙은 가을하늘

스산한 느낌에
말을 잃은 나
아쉬워한 듯
해를 바라보네

바다

가족들과 바다에 갔지

바다에서 특유한 내음이 올라오고
모래에서 꽃게가 줄지어 기어서 가고 있지

두껍이 놀이하는 나
아버지와 형은 낚시를 하느라 멀어져 갔지
나는 혼자서 모래 장난만 하고 있었지

밤에는 풀벌레소리 스뜨뜨스뜨뜨
파도소리에 스르르 잠이 들었지
이미 어른이 되어서 이젠 갈 수 없는 바다
그리운 파도 소리만 귓가에 맴돌고 있지

또 다른 가족

몇십 년 전에
귀여운 강아지 한 마리 키웠네
가족 같은 강아지

재활원에서 이주일 만에
오면 꼬리를 살랑살랑
소리만 내도 쫑긋

어린 시절엔 추억
하나의 짐승이 아니라
가족이었네

가을의 정취

스르르 스르르
찬바람에 깬 내 마음

더욱더 짙은 가을
노을 진 가을하늘은
깊어 가고

숲은 갈색으로 변하고
낙엽 하나둘
소리 없이 떨어지고
낙엽 밟는 소리 쓸쓸한 기분

커피를 마시며
깊은 생각에 잠긴다
이 쓸쓸한 가을밤에

고마움을 생각하는 따뜻한 5월

저절로 마음에 감사를 생각하는 5월
나무들은 푸른빛
살랑살랑 시원한 바람

어버이의 은혜 감사의 편지로
내 속 깊은 얘기로 담아 본다
쑥스럽지만 감사의 편지를 쓴다
비교할 수가 없는 그 온전한 사랑은
어찌 그 고마움을 말로 다 할까

선생님을 뵙고 싶고 그립다
잠시 학창 시절로 돌아간다
찾아가 선생님을 뵙고 지난 추억의 얘기를 나눈다

황금 같은 계절 따뜻한 5월
고마운 분들 다가가
감사의 표현을 하면 어떨까
5월은 파도도 잔잔하게 춤을 춘다

밤은 깊어 가는데

마루에 걸터앉아
오도카니 기다린다
뭐 할 게 없을까
텔레비전만 유일한 친구
또각또각 구두 소리
아이는 어느새 엎드려서
지쳐 잠이 든다
방에 가득 찬 빛과 소리들
엄마는 어디쯤 오고 계실까

가을을 알리는 코스모스

가을을 알리는 코스모스
바람에 실어
흔들흔들

한 송이는 힘없게
보이지만
많으면 운치

코스모스에
앉은 잠자리 한 마리
또 가을이다

여행

혼자 여행도 좋아
사람들과 같이 가는 것도 좋아
전날 밤에 설레는 꼬마처럼

좋아하는 사람들과 하나가 되어
물은 그 깨끗한
숨을 쉰다

산 계곡 바다
자연을 마시며
인생을 배운다

놀라

내 어린 시절엔
자유가 없었네
한 동생이 그랬던가
그 선생님은 마녀라고
9년 동안 감옥

그래서 그런지
나도 모르게
뜻하지 않게 놀라

나는 왜 자꾸 놀랄까
신경을 쓰지 말고

놀라서 미안하지만
뚜벅뚜벅
누가 뭐라 해도
나는 내 식으로 간다

늘 그랬듯이
아무것도 아닌 듯
일상으로

제5부
낯선 길

가볍지 않은 침묵

침묵 속에
뜻 모르는 정적
초침 소리

가볍지 않은 침묵을
깨우는 빗소리
그리움도 흘러간다

늘 그랬듯이
방에 햇살 비추는
나만의 공간

넌 아니

넌 아니
그토록 보고 싶을 것을
의자에 앉아
생각하고 있다

넌 아니
첫눈이 오던 날
제일 먼저
알리고 싶은 사람

넌 아니
커피를 마시며
떠오르는 사람

소나기

막 내리고 마는 똑똑똑
소나기처럼
잠시 지나간 내 그림자
창문에 빗방울이 송송송
빗방울이 똑똑똑
리듬 타는 똑똑똑

우리

우리라는 말은
함께 하는 것
우리 속에서 생기가 생기는 것
우리라는 말은 함께 숨 쉬는 것
우리 가족 우리 친구 등등
앞에 우리라는 말은 정감이 들고
더불어 사는
이 세상에서 만약 우리를 빼면
온통 이기주의자

어느 날 · 1

그는 피자가 먹고 싶어서
수동휠체어 타고
가게에 갔다
주인은 소금 뿌리기 전에
썩 안 꺼져
주먹이 떨린다
나도 돈이 있다고
불편한 건 장애야
당신의 건강을 바란다
그는 한숨을 쉬며
고개를 숙이며
돌아가고 있다

어느 날 · 2

비 오는 날
부엌에서 어머니가
부침개를 만드셨다
지글지글 반가운 소리들

우유와 같은 반죽
오늘같이 비 오는 날
좋은 추억으로 남아 있네

어느 겨울날

눈이 내리는 날
온 세상 환한 세상
내 얼굴은 회색빛 얼굴
전동휠체어 바퀴가 눈에 빠졌네
힘들게 낑낑대며
아줌마가 고생하시던
어느 겨울날
온 세상이 하얀 세상인데
내 마음은 까맣게 탄 연탄가루

낭만

하염없이 걷는다
어떤 그리움에 사로잡혀
멍하니 생각에 잠긴다

가다 보니 초행길
목련은 피어나고
봄이 왔나 보다

그대 봄이 가기 전에
낭만을 느껴 보세
추억은 흐르는 물과 같은 것

낭만은 바람의 추억

그림자를 닮고 싶다

한결같은 그림자
순수를 지닌 그림자
외롭지 않게
늘 그 자리에서 있다

늘 비추는 그림자를 닮고 싶다

만약 그림자가 없으면
뭔가 허전할까
햇빛 비추고 있네

친구처럼
늘 있네

겨울 파도

매서운 겨울 파도는
홀로 춤을 추고

새 한 마리
바다를 보네

겨울 파도는
온갖 아픔을 집어삼키고

따스한 햇살이
파도 위에

잔잔하게
춤을 추네

눈길

뽀드득뽀드득
소리에
환해지는
내 마음

뽀드득뽀드득
소리에
설레는 내 마음

나는
하염없이
생각에
잠긴다

터널 같은 우리네 인생길

점점 바람이 불어
내 마음은 요동을 친다
가끔은 텅 빈 꽃처럼 시들어
무엇이 중요한지 모르고
앞도 모르는
우리네 인생길

앞도 보이지 않아
그 어둠
그 어둠을 지나
언젠가
서서히 밝아오는 빛

들에는 허수아비
그 일상처럼
인생은 흐르는 물인 것을

낯선 길

나는 낯선 길이 좋아
모르면 묻고
어느 모험 같은 낯선 길

헤매기도 하지만
새로운 길은
그 무언가로 나를 이끌고 간다

낯선 길에서
자연은 그대로
나를 이끌고 간다

함께 사시는 주

나의 위로자
주님
이렇게 태어난 것도
주님 뜻이 있으시겠지

가끔 주님 품 안에서
마음껏 울음을 토해내기도 하고
남들이
뭐라 할지라도
주님이 일하실 테니까

함께 살고 죽는 주님 가끔 잊고
제멋대로 사는 게
우리네 인생

결국에는 다시
주만 바라봅니다
주는 나의 동행

제6부
깊은 새벽을 날다

내가 있다는

고독하다는 것은
살아 있다는 것
시간은 가고
추억은 흐르고
퇴색된 기억들이 계속 다닌다
삶의 숨을 쉬고
그저 계절은 돌고 있고
바람이 불고 점점 청춘이 희미해진다

백목항에서

일 년 후 추운 4월은
늘 그렇듯이 그렇게 와서
너무 바다가 고요하고 잔잔해서 얄미운 바다
아무 일도 없듯이

4월의 봄은 추운 봄
그렇게 그렇게 그렇게
추운 봄이 되어
아픈 그 야속한 햇살
바다는 한마디 말도 없네

가는 가을을 그저 바라만 본다

깊어 가는 가을
앉아 있다가 간 가을
전동휠체어 타고 하염없이
길을 걷는다

아쉬움에
가는 가을을 그저 바라만 본다

바람이 무슨 할 말이 있어서
또 왔을까
잔잔한 음악이 들리는 듯하네

잠시 살다 간
하루살이처럼

가는 가을이
내 마음을
훔치고 떠나간다

가을과 함께
나이도 물들어 가네

잠시 머문 가을은
벗은 나무뿐이네
아쉬워서
가을 노을조차 보지 않았다

6월의 함성을 다시 느껴보자

온 나라가 약속한 듯이
붉은 옷을 갈아입고
방방곡곡 한국이든 외국이든
마음을 담아서

목청껏 목이 쉬도록
집집마다 호프집 시청 앞 모이고
대~한민국 짝짝짝 짝짝
뜨거운 열기

간절한 마음으로
힘차게 태극전사들에게
응원을
값진 땀방울

커피 향처럼

진한 커피처럼
소리 없이
마음을 울린다

그대 있으매 커피 향처럼
내 마음속
오래도록 남는다

갈망하는 내 마음
모른 체
잘도 간다

실종된 사람들

여섯 살 아이는 어디서 어떻게 왔는지 모른다
그 아이는 서커스단에서 살고 있다
어두운 골방
눈치를 보며 재주 부리던 아이
한 관객
다정한 가족들
가만히 쳐다본다
아이는 날마다 이슬이 맺혔다

어느 날 도망을 쳤다
경찰서에 찾아가 나 좀 제발 살려달라고
울먹거리며 얘기를 하고
한동안 그곳에서 지냈다

22살이 된 아이는 엄마가 그리웠다
전단지를 통해 찾은 엄마

그 엄마는 숙희의 목에 칼을 겨눴다
돈 내놔

포구에서

회 사세요
오징어 싱싱해요
아! 비켜주세요
얼음을 싣고 뛰어가는 사람들
갈매기 한 마리 왜 죽었는지 모르겠다
사람들은 모른 척 지나간다
나도 물끄러미 보다가 지나간다
그날 하늘은 푸르고
따뜻한 바람도 불었다

흰 도화지

흰 도화지에
화려하지 않아도

펼쳐진 천천히
하나둘

슬슬슬

조심스레 스케치

때론 강하게
때론 부드럽게
때론 평범하게

슬슬슬

미래를
조심스레 슬슬슬

흰 도화지에
색칠한 슬슬슬

그린 꿈 사랑 행복 슬슬슬

무엇을 그리는 가는 당신의 몫

제로

느낌 담아
소리 담아
감각 담아
손이 가는 대로
시 시 시
시시한 것은 아닐까
모든 것을 주제로 삼아
가만히 앉아 있다가
문득 떠오른 것은
백지상태
시는 벽

눈 덮인 어느 일월

소리 없이
환한 눈꽃
제멋대로 춤을 추면서
서서히 내린다

어느새 소복이 쌓인
길에는 두꺼운 솜이불
왔다 간 자리에
남긴 흔적들

사랑은 바람과 같은 것

아무도
묻지 않아도
눈빛만으로 알 수 있는

허락하든 않든
사랑이다
부은 듯 안 부은 듯

사랑,
기억은 항상 있으니까

고뇌

어디론가 떠나고 싶은 계절
마음은 쓸쓸해지고
무슨 생각에 잠겨서
시간 간 줄 모르고
이마 위엔 땀자국

머물고 간 바람이
내 뺨에 스쳐 지나간다
허락도 없이
그냥 지나간다

가만히
생각해 보니
결국 모든 게
허상인 것을

겨울은 마치 전쟁터

나뭇가지까지 흔들고
세찬 저승사자가
이곳저곳
할퀴고 간 자리에
더 큰 솜마저 내리고
바닥은 온통 기름
쌓인 솜뭉치
언제쯤 전쟁이 끝날까

천사의 속삭임

아름다운 노래를 부르고
아름다운 시도 짓는다
평화로운 얼굴
나는 이런 점이 닮고 싶다
천사의 미소
세상 사람들이 다 천사처럼 닮으면 얼마나 좋을까
닮으면 더욱더 세상이 행복해지겠지

깊은 새벽을 날다

한밤에 깬 그 적막
잡생각은 나를 괴롭히고
나도 모르게 울컥하는 나

또 고독에 빠진 나
아무도 없는 방에서
요동치는 내 마음

그 그리움과 그 추억
시간과 함께 흐려진다

시치미 뚝 떼고
그냥 웃는다

다시 살아가겠지

깊은 새벽을 날다
장영희 시집

초판인쇄 / 2024년 10월 15일
초판발행 / 2024년 10월 20일

발행인 / 김영선
지은이 / 장영희
교정·교열 / 박순
발행처 / **한**맥문학출판부
　　　　서울시 서대문구 통일로 479-5
　　　　등록 1995년 9월 13일(제1-1927호)
　　　　전화 02)725-0939, 725-0935
　　　　팩스 02)732-8374
　　　　이메일 hanmaekl@hanmail.net

값 / 13,000원

장영희, 2024
ISBN 979-11-93702-11-6

* 이 시집은 한국예술인복지재단 2024년 <신진 예술활동준비금지원사업>에 선정되어 제작되었습니다.